Des larmes de feu

© 2024, Claire Houzé

Édition : BoD · Books on Demand GmbH, In de Tarpen 42,
22848 Norderstedt (Allemagne)
Impression : Libri Plureos GmbH, Friedensallee 273,
22763 Hamburg (Allemagne)

Illustrations et couverture : Claire Houzé

ISBN : 978-2-3225-3486-9

Dépôt légal : Novembre 2024

Tous droits de reproduction, d'adaptation et de traduction, intégrale ou en partielle réservés pour tous pays. L'auteure est seule propriétaire des droits et responsable du contenu de ce livre.

Des larmes de feu

Claire Houzé

avertissement

Certains passages de ce livre abordent des sujets difficiles comme les agressions sexuelles et la santé mentale. Ces passages sont susceptibles d'être perturbants pour certaines personnes.

Prenez soin de vous.

au sujet de l'auteure

Claire est une jeune poétesse

passionnée par l'art

la peinture et la poésie

les fleurs et les mots

en juin 2022

elle a autopublié

son premier recueil de poésie

Sentiment intense

en juillet 2023

elle en a publié un second

Je suis partie et les fleurs m'ont suivie

Des larmes de feu

est son troisième recueil de poésie

*« Il faut que tu te voies mourir
Pour savoir que tu vis encore »*

Paul Éluard – Fin d'un monstre (1938)

à tous ceux qui brûlent trop fort
ceux qui ne savent plus que faire
de toutes ces flammes périlleuses
ceux qui vivent dans un constant incendie

sommaire

 brûlure 13

 fleur 43

 cendres 79

 lueur 109

 renaissance 153

brûlure

je sais que je dois l'écrire
écrire pour en guérir
mais j'ai si peur
que mes souvenirs me rattrapent

guérir
cela signifie trouver les réponses
à ces questions
et j'ai peur des réponses
j'ai peur qu'elles me
                         cassent
                               fracassent
                                       fissurent
j'ai peur de m'en souvenir
et de ne plus pouvoir
                                       oublier
mais il faut guérir dans l'entièreté
de cette brûlure qui risque de
                               m'emporter

tu m'as brûlée si fort

je ne sais même plus

comment

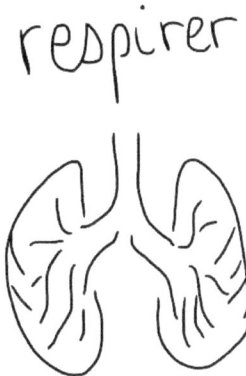

j'ai vu une partie de moi mourir

depuis je la cherche partout
mais je ne la trouve pas

je me cherche
dans chaque
bout de miroir
dans chaque
bout de reflet

mais il n'y a qu'un
bout de moi
comme si je n'étais plus
qu'un morceau de peau

trop fine
        trop cassée
                trop brisée
                        trop brûlée

l'impression

que mon âme a été découpée

en plusieurs morceaux

certains se sont volatilisés

d'autres m'ont été enlevé

il ne reste qu'un morceau de moi

trop faible pour les autres

ma peau

crie

ton nom
comme si elle aussi
attendait

d'être sauvée de cet

incendie

que tu m'as infligé

il m'a montré l'enfer

je ne crois plus

ni au bonheur

ni à l'amour

j'ai des brûlures

de plusieurs teintes

des rouges

qui saignent

et qui ont un goût

de haine

                                      j'ai des brûlures

                                                    bleues

                            celles qui me rappellent

                                      les pleurs

                                et j'ai un incendie

                                    violet au cœur

                              celui pour la violence

                                    avec ce mot

                                            viol

                                    qui survient

                                    avec mes cris

                                et qui s'étalent

                                    sur mes écrits

j'ai pleuré plusieurs années

j'ai arrosé toutes mes fleurs brûlées

mais il les a

écrasées

incendiées

cramées

elles ne peuvent plus fleurir

et je ne pourrai jamais me réanimer

il m'a brûlé
à plusieurs endroits
de nombreuses fois
et je ne cicatrise pas

ses cigarettes

au bout des lèvres

comme des gestes secs

et des paroles acides

qu'il écrase sur ma peau

pourquoi
tous mes livres
commencent
par toi ?

je ne suis plus rien

tu as éteint toute la lumière en moi

inconsciemment

je m'automutile

depuis toutes ces années

je me gratte la peau à sang

je veux souffrir

pour atténuer

la douleur dans ma tête

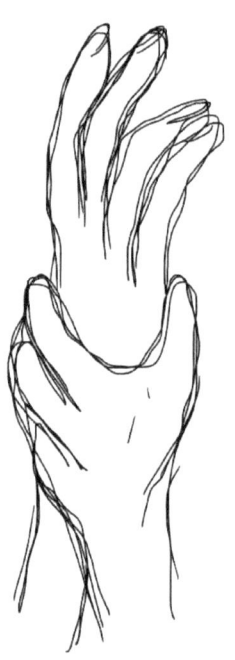

je n'ai rien à montrer aux autres

juste l'obscurité d'un cœur

le rouge de ma chair

le froid de ma peau

le bleu de mes larmes

le feu éteint dans mon cœur

je me souviens

de ton corps chaud

depuis

je ne supporte plus

le soleil

qui me brûle

jusqu'aux os

la chaleur de ma peau

est enchainée à ton souvenir

je ne peux pas

supporter

mon corps

je suffoque

dans mes flammes

rien

ne m'anéantit plus

que la violence

                                            leur violence

                                          et la mienne aussi

le feu a fini par faire

                        ravage

j'ai le corps

                        saccagé

et le cœur

                        brûlé

j'ai rayé l'amour

depuis qu'il a raté

mon cœur

tu as insufflé

ton poison

dans mon sang

j'ai un feu

dans le fond du corps

et des flammes

à la surface de ma peau

ma peau a la texture

de la souffrance

j'ai la peau bleue

bleue de larmes

et rouge de sang

rouge de feu

et bleue de peur

le corps ailleurs

et le cœur mort

j'ai le corps vide

mais l'âme avide

la violence

m'a écrasée

jusqu'aux entrailles

j'ai encore des débris

dans le corps

je les sens quand je respire

comme des bouts de verre

qui m'écorchent de l'intérieur

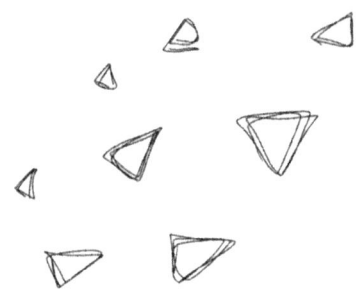

penser à toi
fait ressurgir
un monstre en moi
et éveille la terreur
de la violence

j'ai peur que tu recommences

j'ai eu si peur de toi

que j'ai fini par avoir peur

de tout le monde

comme si tu étais

partout

ton image est devenue mon monde

être entourée est devenu

une angoisse

j'ai peur

de sortir

j'ai peur

même chez moi

je n'ai plus envie de rencontrer

d'autres personnes

les autres sont sûrement

comme toi

j'ai eu si peur de toi

que j'ai fini par avoir peur

des autres

même s'ils ne te ressemblent pas

je succombe

                                                aux brûlures

je succombe

                                                à la douleur

je sombre

                je

                       m'

                                    écroule

                                  par la violence

je m'éteins

je m'asphyxie

à   petit   feu

                    je meurs

l'écrire me fait si mal

mais la voilà

cette chose si douloureuse

j'ai peur de faire naître

un enfant à l'intérieur de moi

qu'il sente la violence et la souffrance

que tu as fait naître au creux de moi

j'ai peur d'accueillir

la vie

dans un lieu

qui n'a connu que

l'enfer

je voulais

atténuer la douleur

j'ai fini par aimer

tous ceux

qui frôlent ma peau

pour réparer quelque chose en moi

j'ai fini par me morfondre

de cette blessure si profonde

pleurs

il pleut

mes larmes

elles t'effleurent

la peau

puis

t'étouffent

le cœur

j'ai des larmes

au fond du cœur

je finirai

par me noyer

elles finiront

par me brûler

ma vie n'est pas faite

que de fleurs

elle est aussi faite

de brume,

de rancœur,

d'amertume

et de pleurs

il n'y a que

des aspérités

qui ressortent en moi

je ne vois que

ma sensibilité,

mon indélicatesse

et mes brûlures

l'impression
d'avoir une fenêtre
à l'intérieur de mon esprit
et de sauter dans le vide
quand j'ai trop peur
de la vie

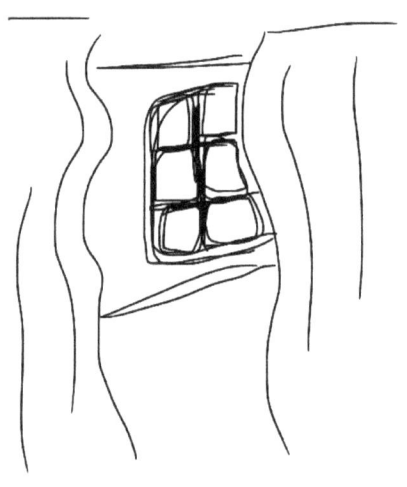

anxiété et sensibilité

un mélange froid

bien trop glacé

pour respirer

je me sens mourir

autour du monde

et c'est comme si

personne ne pouvait me sauver

personne ne me voit

dans ces flammes

le cœur trop brûlé

pour affronter le monde

je suis invisible

contre ce feu invincible

et ces gens insensibles

je raye le temps

j'empresse le pas

je n'ai pas le temps

de me noyer

ni de faire naufrage

je brûle sur place

je n'ai pas besoin de feu

je suis une flamme

à moi seule

rayures

sur

brûlures

à la poursuite du silence

                                    pourtant il m'effraie tant

j'éteins le feu

de mes larmes

je pleure des larmes de feu

je suis partie mourir

dans une forêt

je voulais juste faner

j'attendais de sécher

et je me suis envolée

toute ma peau s'est volatilisée

comme des feuilles

qui tombent en automne

je ne pouvais plus bouger

je suis restée inerte

et cela

pendant des années

ma peau était si froide

constamment

comme si le temps s'était arrêté

et que tous les autres étaient des soleils

qui tournaient autour de moi

je n'étais rien que du froid

j'étais seule en hiver

j'ai peur du son de ma voix

je ne veux pas qu'on m'entende

je ne veux pas prendre de place

je m'efface

le ciel azur

me fait oublier les rayures

celles de mon esprit

qui hurle d'être si

différent d'autrui

tout me fait pleurer
parce que je brûle
je suis
trop intense

je chavire

je fais naufrage

je m'enflamme

dans mes larmes

pas à ma place pas à ma place pas à ma place
pas à ma place pas à ma place pas à ma place
pas à ma place pas à ma place pas à ma place
pas à ma place pas à ma place pas à ma place
pas à ma place pas à ma place pas à ma place
pas à ma place pas à ma place pas à ma place
pas à ma place pas à ma place pas à ma place
pas à ma place pas à ma place pas à ma place
pas à ma place pas à ma place pas à ma place
pas à ma place pas à ma place pas à ma place
pas à ma place pas à ma place pas à ma place
pas à ma place pas à ma place pas à ma place
pas à ma place pas à ma place pas à ma place
pas à ma place pas à ma place pas à ma place
pas à ma place pas à ma place pas à ma place
pas à ma place pas à ma place pas à ma place
pas à ma place pas à ma place pas à ma place
pas à ma place pas à ma place pas à ma place
pas à ma place pas à ma place pas à ma place
pas à ma place pas à ma place pas à ma place
pas à ma place pas à ma place pas à ma place
pas à ma place pas à ma place pas à ma place
pas à ma place pas à ma place pas à ma place
pas à ma place pas à ma place pas à ma place
pas à ma place pas à ma place pas à ma place
pas à ma place pas à ma place pas à ma place
pas à ma place pas à ma place pas à ma place
pas à ma place pas à ma place pas à ma place
pas à ma place pas à ma place pas à ma place
pas à ma place pas à ma place pas à ma place
pas à ma place pas à ma place pas à ma place
pas à ma place pas à ma place pas à ma place
pas à ma place pas à ma place pas à ma place
pas à ma place pas à ma place pas à ma place
pas à ma place pas à ma place pas à ma place

je ne suis pas à ma place

j'ai des pleurs qui grondent

et me menacent de m'étouffer

j'ai le cœur qui brûle

et il finira par m'asphyxier

ce monde me terrifie

je ne me retrouve
en rien
en personne

je ne sais pas
qui je suis

le bruit des pleurs

fait valser mes flammes

? ? ?
? je ne sais pas
si mon anxiété ?
provient plus de
moi
? ou des ?
autres

?

j'ai un vide

que je remplis

de faux amours

de faux soleils

de faux pleurs

de faux souvenirs

un vide que je remplis

de faux

un fossé

qui se creuse

des larmes salées et un café trop amer

des mensonges et des blessures

des fissures et des fractures

la douleur de ce monde
je la ressens

parfois
je pleure pour les autres

je ressens si fort
quand je regarde un film
quand je lis
quand je croise des personnes

je ressens tout
tout le temps

alors je m'enferme
pour ne plus rien ressentir

j'ai un feu en moi
à l'intérieur de mon corps
à la surface de mon cœur
un feu qui pleure la douleur des autres

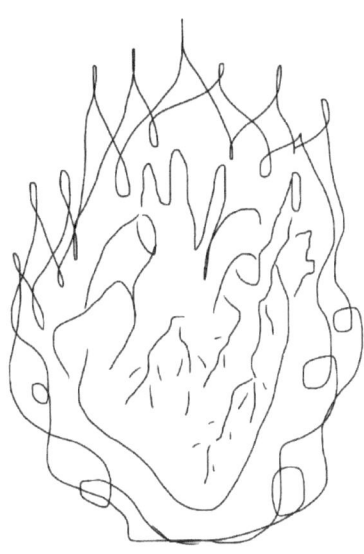

la tachycardie comme

un écho

quand mon corps

se sent

étouffé

par les

autres

je lutte tous les jours
contre ce monde
qui n'est pas fait pour moi

j'étouffe
je n'arrive pas à m'adapter
je suis si différente

le monde me dévore
ma peau pleure
mon cœur fane

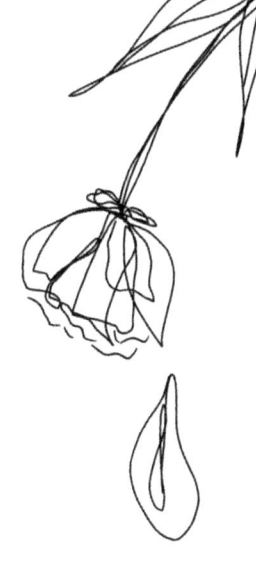

un monstre vit en moi

il ressort quand je panique

quand je ne me sens

pas à ma place

pas comme les autres

pas faite pour ce monde

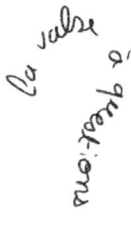

la valse à quoations.

où vont toutes les émotions ?

pourquoi je ressens tout cela ?

je ne sais pas si cela vient

de mon cœur, de mon corps, de mon âme,

de tout à la fois ?

pourquoi je vois tout

sur la peau des autres ?

pourquoi je suis si sensible ?

pourquoi quelque chose qui m'effleure,

me submerge tout autant ?

pourquoi je brûle ?

pourquoi je suis si tangible, si fragile ?

pourquoi je perçois des choses

que les autres ne voient pas ?

pourquoi je ne me retrouve en personne ?

je suis si

sensible

tout m'enflamme

tout m'émeut

tout me brûle

être proche de sa souffrance
pour l'apprivoiser

être proche de sa souffrance
pour être proche de soi

canaliser les flammes

et choisir sa souffrance

à celles des autres

je collectionne

les souvenirs d'amour

je les mets dans des flacons

et les cache au creux du cœur

pour les brûler de mes pleurs

cendres

être entourée

m'oppresse

m'engouffre

m'angoisse

m'étouffe

me tue

m'asphyxie

à peine brûlée
déjà en cendres

est-ce que je suis

en plein incendie

ou éteinte

depuis toutes ces années ?

toutes ces pensées noires dans ma tête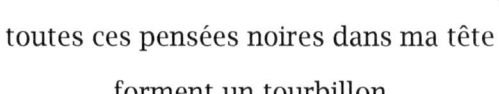
forment un tourbillon
j'ai peur qu'un jour
il puisse m'emporter

avec le temps
j'ai toujours pensé
que les idées noires partiraient
pour toujours

pourtant
elles reviennent parfois
elles sont encore là
et j'ai toujours aussi peur
de la collision

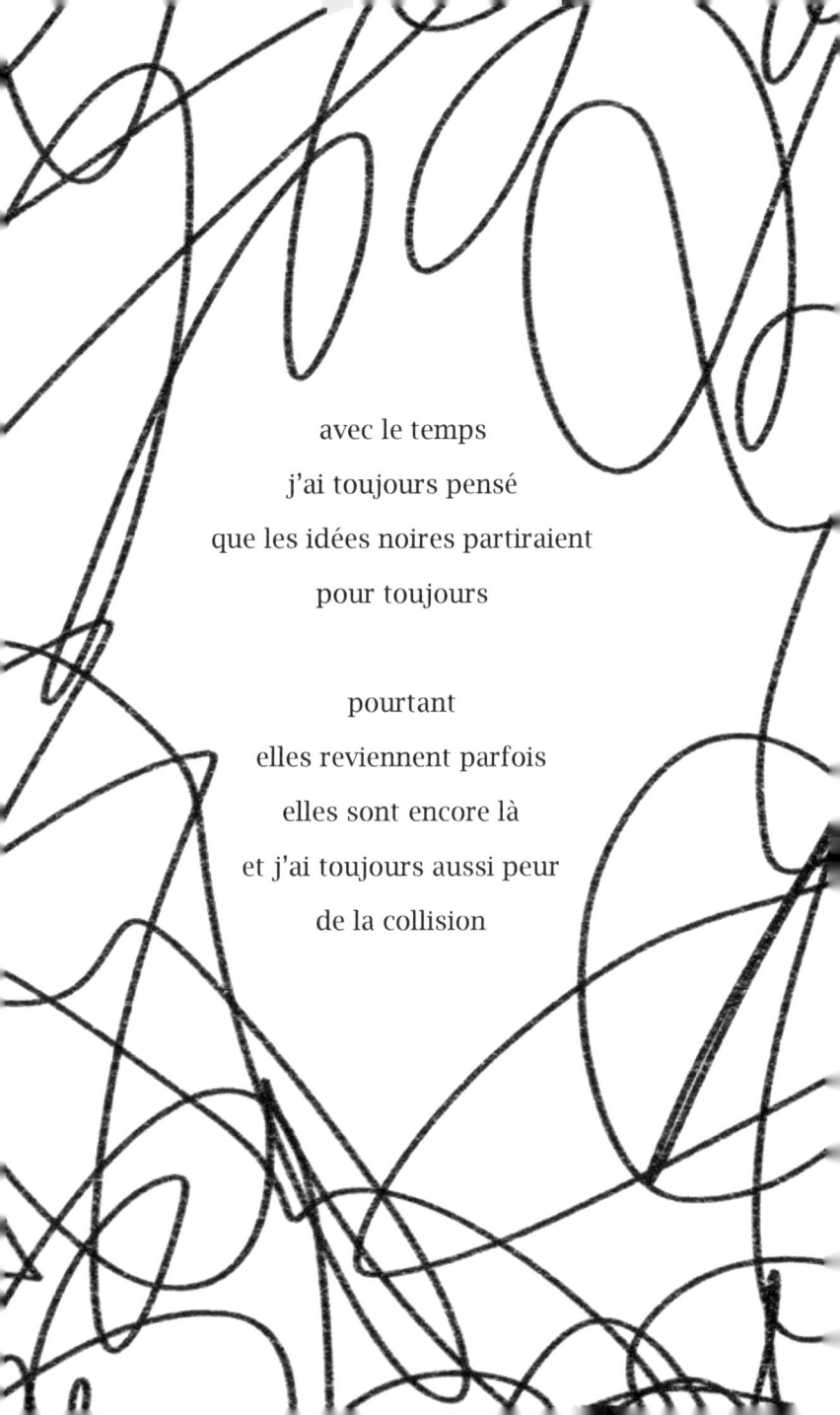

j'aimerais éteindre les flammes

de mes propres larmes

mais la haine

a tout emporté

ouvre-moi le cœur

tu verras

comme il brûle

il est habité

de violence

et d'abandons

où sont passées les fleurs

le soleil

et ma maison ?

je me suis vue mourir

de nombreuses fois

dans la rue

dans un bain

dans un champ

dans ses bras

le crépitement des souvenirs

souffle vos noms

le plus douloureux

ce sont ces souvenirs qui restent

on dit que les pertes amoureuses brisent

mais on ne parle pas assez

de ces brûlures

laissées par les pertes amicales

les perles salées

ne s'écoulent plus

le long de mes joues

pourtant

je suis encore triste de ces départs

des années après

est-ce que la douleur

finira par s'en aller ?

encore une fois

j'ai rêvé de toi

tu crois que je devrais te pardonner ?

je ne sais pas

parfois

j'aimerais te retrouver

mais la colère revient toujours

j'ai déjà eu

le coeur brisé d'amour

ce n'était pas très beau à voir

mon cœur était

dévasté

mais il s'est brisé

plus violemment encore

quand j'ai eu

le coeur brisé d'amitié

puis

le coeur brisé par la famille

mais vois-tu

toutes ces flammes sur mon corps

m'enflamment moi

et les autres aussi

tu t'es mis à brûler

et je voulais brûler avec toi

j'ai gardé

ces choses

qui m'ont brisées

elles sont enfermées à double tour

dans mon cœur

je les expose sur mes peintures

et dans mes écrits

on dit

que ce sont des choses à jeter

mais moi

je les garde

j'en ai besoin pour

me rappeler que

j'ai survécu

aux vagues,

à la violence

et aux brûlures

s'il y a de la colère
c'est parce qu'il y a encore de l'amour

peut-être que je devrais arrêter d'aimer ?
peut-être que je devrais pardonner ?

est-ce qu'il y aura

autre chose ?

d'autres mots ?

d'autres poèmes ?

d'autres rêves ?

d'autres arts ?

est-ce qu'il y aura

autre chose

pour me sauver ?

j'ai dépassé les vingt ans

dorénavant

je sais

que tout l'enfer

qu'ils m'ont fait vivre

n'a jamais été ma faute

mais la leur

je pardonne

mais peut-être pas entièrement
peut-être pas comme il faudrait

j'ai peur de la tendresse

je ne suis faite que

de fracas et de haine

je veux quelqu'un

qui me console

je ne veux pas quelqu'un

pour éteindre l'amour

je veux quelqu'un

pour raviver mon cœur

de rires et de souvenirs

on panse les plaies comme on peut

on les recouvre d'amour

de thé de fleurs

et de soleil d'été

on fait sécher les larmes

jusqu'au retour des flammes

celles qui ne peuvent pas nous brûler

celles qui ne font que nous réchauffer

respirer

retenir son souffle

contempler

les vagues s'échouer

et les flammes s'estomper

il y a quelque chose de beau

dans la douleur

elle nous rend humains avant tout

amertume de mes nuits

blessures éblouies

mon cœur en alchimie

ma peau s'effrite

mon cœur s'irrite

mais

toujours

je ressuscite

lueur

elles sont venues me voir

pour me poser cette fameuse question :

« comment on sait
quand on est
amoureux ? »

on ne se pose pas la question

quand on est amoureux

le cœur chuchote son prénom

ce que je ne leur ai pas dit

c'est qu'elles ne se posaient pas

la bonne question

la véritable question serait :

« quand est-ce que
l'amour est doux ? »

j'ai trouvé cet amour chez toi

un amour doux, protecteur, bienveillant

un amour nu, sans faille

un amour vrai, franc, sincère, brut, en or

effluve de lavande à ton cou

et le ciel azur dans tes yeux

à en tomber amoureux

toute la brutalité

de mes pensées

s'éteint

quand tes yeux bleus

croisent les miens

les rubans rouges s'effacent

peu

        à

               peu

                  de ma peau

je ne me suis jamais sentie aussi

libre

depuis que nous nous sommes rencontrés

tu es arrivé

avec tes yeux

bleus

avec ton océan

d'amour

bleu

ton oxygène

bleu

de bienveillance

tu as apaisé

toutes mes douleurs

je ne vous parle pas
d'amour

je vous parle de quelque chose
de bien plus fort

tu fais ressortir en moi

tout ce qu'il y a de plus beau

je n'avais jamais porté plus belle tenue

que ton regard

ce que j'éprouve pour toi

est si grand

et lumineux

j'en viens à confondre

l'art et l'amour

je ne sais plus les différencier

Aphrodite chuchote nos prénoms

avec un regard mielleux

et les lèvres chaudes

l'amour que je ressens pour toi est si
intense

cela me rappelle l'adrénaline
d'un manège à sensation

pourtant notre amour est si
doux
à la fois

comme
du miel
le chant des oiseaux le matin
un lever de soleil
des fleurs dans un grand jardin
la clémence du ciel

j'entends l'amour

crépiter

dans le creux de mon cœur

il me chuchote

ton prénom

l'exquise mélodie

de mon rythme de vie

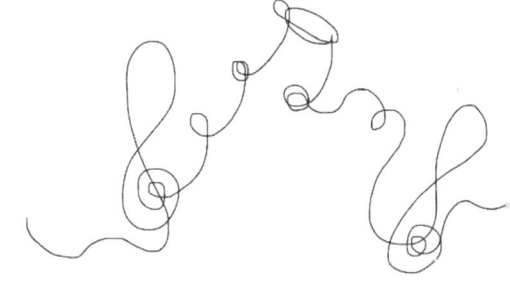

La guérison est une musique
La dernière note est l'amour

il fait rougir l'amour lui-même

comment ne pas tomber amoureux ?

tu fais fondre
toutes
mes douleurs

mes brûlures
mes fêlures
avec ton soleil au cœur

il me dit

« mais je ne suis pas parfait »

ce n'est pas ce que je cherche chez toi
ce que je cherche
c'est l'amour doux
ton cœur qui dissout les peines
et qui dénoue l'anxiété

ta peau réconfortante
ton sourire
et ton odeur
comme un onctueux cocktail
de lavandin et de pamplemousse

tout est doux et réconfortant
chez ta personne

et tout cela
je l'ai trouvé chez toi

*Je t'aime
éperdument*

éperdument

parce que je tombe souvent

dans le creux de mes pensées

quand tu commences à t'immiscer dedans

description de l'amour que je te porte

c'est un amour très chaud

doux et onctueux à la bouche

c'est un amour très beau

un amour qui ne colle pas à la peau

mais qui caresse

qui ne chatouille pas

mais rend heureux

qui crée des papillons dans tous le corps

c'est un amour qui porte ton prénom

qui a ton parfum

qui sent bon

et qui me tient la main

j'ai cette étrange impression
que mon cœur
se plie
se déplie
et se replie
au rythme des battements
mon amour est une musique

les plis du cœur

ces fleurs rouge rubis

aux feuilles bleu lavande

me rappellent

que mon cœur te murmure

des je t'aime par milliers

depuis notre amour

je crois en la vie

et je crois

en la vie après la mort

comment notre amour pourrait-il

                              s'arrêter

                                  un jour ?

rouges

les fleurs

celles que tu m'as offertes ce matin

rouge

la dentelle

celle que tu m'ôtes le soir

rouge

l'amour que je te porte

celui qui porte ton nom

rouge

la passion

celle qui porte ton parfum

rouge intense

celui qui valse en moi

comme un feu qui s'attise

au rythme de tes pas

bleu ciel

bleu mer

bleu

l'iris

de tes yeux

bleu vie

bleu pluie

bleu fleur

pas de peur

pas de pleur

bleu la couleur de

ton cœur

bleu

les volets de notre maison

bleu

l'horizon avec toi

le corps en été

ta peau dorée

le cœur chaud

tes lèvres dans mon cou

les lierres sur le mur

ton reflet brûlant

les fleurs séchées

ton parfum soleil

l'été à tes côtés

j'ai toujours eu cette image de toi
revivre un moment en boucle dans la tête

    dans notre maison aux volets bleus
        toi avec ton café dans les mains

depuis que je suis à tes côtes
j'ai l'impression d'avoir trouvé ma maison

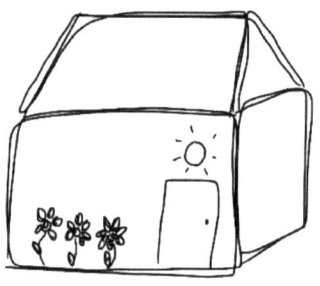

La maison de l'amour

mon amour

si tu étais une saison

tu serais le printemps

tu fais naître

plein de petites fleurs

dans mon cœur

je l'ai reconnue

cette musique qui se lance

quand tu te rapproches de moi

ce chant d'amour

toutes ces fleurs qui s'emmêlent

ces papillons qui dansent

j'ai peint

les volets de ma maison

en bleu

pour me rappeler la couleur

de nos yeux

nos voyages en mer

nos cieux d'été

et les vagues

qui ont emporté mes blessures

il fait si beau

le ciel est bleu

je t'ai à mes côtés

c'est tout ce qu'il me fallait

l'amour

        comme un baume enveloppant

l'amour

        comme une thérapie

l'amour

        comme un soleil réparateur

l'amour

        comme une infusion de fleurs

l'amour

comme celui
qu'il a fait naître en moi

comme les fleurs
qui apparaissent au printemps

comme le soleil du matin
qui se dessine sur le ciel

comme une lumière
qui jaillit

comme un feu
qui s'adoucit

j'ai l'amour

sans limite

sans exceptions

j'ai l'amour sans fin

l'amour pur

l'amour doux

et brusque à la fois

celui qui fait des vagues

dans le creux du cœur

celui qui fait pleurer

mais celui qui ne pique pas

celui qui brûle

juste un peu

juste pour te rappeler

je ne suis pas partie

j'ai l'amour du toujours

celui qui ne s'en va pas

celui qui te chuchote

« je suis toujours là »

ma peau en feu

nos yeux bleus

l'amour et la passion

lui et l'exaltation

adieu

la douleur

à Dieu

la lueur

et la ferveur

des enjeux

de nos cœurs

silencieux

l'ardeur

de ce jeu

est audacieux

il essuie

                                        les larmes

il attise

                                        mes flammes

j'abaisse

                                        mes armes

je n'entends plus

                                        le vacarme

on emmêle

                                        nos âmes

aimer autrui

c'est avant tout s'aimer soi

l'amour m'a permis

de me rencontrer

de retrouver mon chemin

et de me montrer qui je suis

j'ai l'amour du toujours

effrayant pour les anéantis d'amour

mais paradisiaque pour moi

un jardin d'Eden

avec ton visage

comme premier paysage

à chaque lever du soleil

et à nouveau

ton visage

comme dernier paysage

à chaque coucher du soleil

à tes côtés
je me sens
à ma place

Le remède se cache
derrière l'amour

je brûle dans ses yeux rouges

et je renais dans tes yeux bleus

je n'ai pas besoin de t'écrire de la poésie

tu lis les mots dans mes yeux

tu sais écouter mon cœur

renaissance

l'impression

d'avoir ressuscité

de mes brûlures

telle une renaissance

mes brûlures rouges

vives et scintillantes

sont devenues

                                      bleues

                                                          bleu ciel

                                              avec toute la pluie

                                             et les larmes versées

j'ai appris à vivre parmi les flammes

être en plein incendie

est une force

plus rien ne peut m'éteindre

tache d'encre sur la peau

l'écriture comme un flambeau

j'aurais voulu être

un rayon de lumière

dans ce monde

mais il me tue

alors

j'ai créé mon propre univers

et j'ai fait de mes flammes

un soleil flamboyant

rien ne peut me brûler

je suis le feu

je suis l'amour

je suis l'art

je suis un soleil flamboyant

je pensais

que je brûlais trop fort

qu'il fallait m'éteindre pour survivre

mais je suis si intense

j'ai la couleur du ciel dans les yeux

les veines comme des racines

la peau comme des pétales de fleurs

peut-être que finalement

je ne suis pas si différente

de ce monde

mettre ses angoisses

sur papier

en faire de l'art

et apprendre

à se relever

l'art

ma thérapie

la poésie

un remède

la peinture

un antidote

toute cette lumière

se transforme en art

j'ai un feu inassouvi

qui enrobe ma peau

je suis faite

de sang

et de pleurs

de chair

et de fleurs

je suis faite

pour brûler

pas pour faner

j'ai fini par aimer

ce feu en moi

j'ai appris à contrôler

les flammes

je sais dompter

mes émotions

je suis faite de fleurs et de feu

de l'opium pour leurs beaux yeux

je parle peu

j'écris **beaucoup**

j'ai survécu

aux flammes

j'ai soigné

mes brûlures

je suis prête

pour affronter le monde

ouvrez-moi le cœur

lorsque le soleil capitule

sous les yeux silencieux

habité par les fleurs et les pleurs

j'ai le cœur qui brûle

et des larmes de feu

j'ai tant voulu mourir

                                                aujourd'hui
                                            j'ai la haine de vivre
                                            la frénésie de la vie

azur

tes yeux

et les rayures

qui tapissent ton regard

azur

la mer

et les vagues

qui s'échouent sur ta peau

azur

le ciel

et les étoiles

qui éclairent ton cœur

j'ai le cœur qui brûle

un doux mélange

entre supplice et volupté

recette pour adoucir les flammes :

- de l'eau de fleur
- du soleil

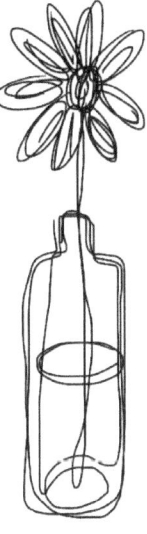

je brûle continuellement

j'en souffre

j'en meurs

mais

parfois

j'en vis

je suis une rescapée

de mes propres flammes

j'ai survécu à l'enfer

plus rien ne me fait peur

je suis le feu

j'ai apprivoisé mes flammes

j'ai guéri de mes brûlures

j'ai appris à respirer

loin des autres

loin du passé

je pensais que le pardon

était pour les faibles

que c'était la réponse la plus simple

mais je m'étais trompée

il n'y a pas plus fort que de pardonner

pardonner pour soi

et pour les autres

parce qu'on ne veut pas vivre

avec des douleurs

qui ne doivent pas nous appartenir

l'impression

d'avoir vécu

un éveil de l'âme

une reconnexion

avec tous les morceaux de moi

qui étaient espacés

les uns des autres

comme un rassemblement

de toutes mes pièces

des débris de

mon corps, mon cœur,

mon esprit et mon âme

tous ont illuminé en même temps

pour créer des flammes

invincibles face à ce monde

j'étais invisible
je suis devenue invincible

je suis sortie

un soir de printemps

il a plu

comme si nous étions en automne

la pluie a éteint toutes les flammes

j'ai pleuré

j'ai peint mon cœur en rouge

j'ai peint mon cœur en feu

j'ai peint mon cœur qui brûle

j'ai écrit ce qu'il me murmurait

renaître de ses cendres

j'ai creusé

au fond de mon être

pour trouver qui je suis

et me pardonner

mes brûlures

se sont transformées

en lumière

je te pardonne

cela ne veut pas dire

que j'accepte le mal que tu m'as fait

cela veut juste dire que

je ne veux plus vivre avec cette douleur

si tu cherches la lumière pour apaiser tes plaies :
l'art
l'amour
le temps
(peut-être les trois)

je suis un florilège

de musiques et de rimes

mes écrits sont des secrets indécents

et des larmes intimes

j'ai la fièvre au cœur

telle une Idylle volcanique

mon cœur est dénué de toute grâce

il ne vit que pour l'intensité et l'audace

j'ai la romance fougueuse

et de la lave qui s'écoule au creux du cœur

tourmentée par des ombres

et des soleils victorieux

j'ai un corps en cristal

et mon cœur est une opale

la poésie

comme inhalateur

pour inspirer à nouveau

pour respirer parmi les flammes

à l'intérieur de mon cœur
se camoufle un oiseau de feu

il me chante
la fougue de l'automne

il me murmure
la ferveur du cœur

sous les cieux
il flamboie ses ailes

sous ses plumes
il souffle les pleurs silencieux

il ne dit pas son nom
mais il se parfume au paradis

il ne dit pas l'amour
mais son reflet le crie

définition d'être humain

existence tumultueuse

et tueuse

vivre une musique

qui dure plusieurs années

avec plusieurs tonalités

et différents rythmes

alliage entre les flammes et les vagues

entre violence et douceur

entre rouge et bleu

l'art est ma thérapie

les fleuves

mes pluies d'écrits

les fleurs

ma symphonie

le feu

mon énergie

lettre à la poésie

août 2017

16 ans

première séance de thérapie

aucun mot ne sortait

j'étais devenue muette

pourtant

j'avais tant de choses à dire

et j'avais besoin de parler de mes blessures

aujourd'hui

j'infuse ma douleur

sur du papier et des toiles

je la recrée

pour l'extérioriser de mon corps

la poésie m'a sauvée

j'ai appris à aimer et à pardonner

la vie est un fleuve

n'abandonnez pas à la première secousse

vous raterez tous les plus beaux paysages

remerciement

A mon amoureux, merci de croire en moi, en mon art. Je ne pouvais pas imaginer un amour plus doux que celui que tu m'offres.

A Théo, merci de faire vivre ma poésie, merci de faire vivre la poésie.

A mon père, de me soutenir dans mes projets. Le soutien est un langage pour celui qui sait l'entendre.

A ma mère de lire et relire mes manuscrits.

A mes sœurs de faire naître des soleils dans mes souvenirs et dans mon présent.

A mes ami(e)s artistes, en particulier mes ami(e)s poétes(ses), merci, vous sauvez le monde et moi avec.

Un grand merci tout particulier à Laura, Philys, Elsa, Eriel, Marion et Sabine, mes bêtas lectrices.

Merci à tous ceux qui me suivent dans mes aventures, mes projets, mes fleurs dans ma tête, merci d'accepter un bout de mon monde intérieur.

Et enfin, merci à vous d'avoir lu ce livre.

Je vous souhaite à tous de savoir quoi faire de ces flammes, ne vous laissez pas emporter par elles, domptez-les.

pour me retrouver